Harald Schilling

Sein im Atem

Aktiv gegen Stress, Burnout und Depression

Ein Praxisbuch

www.tredition.de

© 2018 Harald Schilling

Verlag und Druck: tredition GmbH, Hamburg

ISBN
Paperback: 978-3-7482-1394-9
Hardcover: 978-3-7482-1395-6
e-Book: 978-3-7482-1396-3

Die Methode für den Alltag

Kleines Handbuch mit
Gedanken, Leitsätzen und Übungen

Harald Schilling

Inhaltsverzeichnis

Spezieller Hinweis

Die nachfolgenden Ausführungen sind aus eigenen Erfahrungen und eigener Übungspraxis entstanden.

Sie ersetzen bei Erkrankungen nicht den Gang zum Arzt oder Therapeuten.

Die Erfahrungen des Autors mit der aufgezeigten Methodik war durchweg positiv.

Die Methodik gilt als Anregung zur eigenen Alltagspraxis, kann aber keinesfalls eine Therapie oder medikamentöse Behandlung ersetzen.

Insoweit wird von Seiten des Autors keine Gewähr bei gesundheitlichen Schwierigkeiten übernommen.

Vorwort

Die nachfolgenden Gedanken, Leitsätze und praktischen Übungen entstanden nach einer Burn-Out Erkrankung und verhalfen trotz weiterhin vielfältiger Aufgaben wieder Lebensmut zu schaffen und sich den Aufgaben weiterhin zu stellen. Dies aber viel leichter und zuversichtlicher als es vorher denkbar gewesen wäre.

Es sind einfache Gedanken und Übungen, welche sehr gut in den Alltag integriert werden können und einem selbst auch immer wieder im Laufe des Tages bei jeder Tätigkeit entspannen lässt.

Es ist zu allererst ein Zurückbesinnen auf das Jetzt. Mit Hilfe des eigenen Atems und dem hinweg ziehen lassen von Gedanken die immer wieder auftauchen. Diese dürfen und werden immer wieder auftauchen. Sie werden aber immer mehr und immer schneller auch wieder hinwegziehen.

Natürlich ersetzt dies bei schweren depressiven Krankheitsbildern nicht den Gang zum Arzt und einem professionellen Therapeuten. Es kann aber eine Hilfe und Richtschnur sein, sich mit einfacher Strategie zu innerlicher Gelassenheit und Ruhe zu bewegen und den Alltag, auch bei aufkommenden Problemen, immer leichter und besser zu bewältigen.

Gleich ob in Schule und Beruf oder bei Aufgaben in der Familie, ist der Rückkehr zum Atem, zum ganz eigenen Atemrhythmus, das einfachste Mittel um innerlich wieder Stärke zu bekommen.

Sich zu bewegen im Rhythmus des Atmens bei Sport, Gymnastik, Yoga oder anderen Betätigungen kann befreiend sein. Ist doch der Atem das ursprünglichste Menschliche mit dem alles bei der Geburt begann, mit dem ersten Einatmen und Schrei. Genauso wird uns dies mit dem letzten Atemzug eines Tages zurückführen.

In diesem Sinne soll uns dieser kleine Leitfaden Anregung, Inspiration, Frieden und Glück bringen, um das Leben auch mit einfachsten Mitteln genießen zu können.

Ich selbst habe mich mit Atmung schon länger beschäftigt.

Vor allem dadurch, dass mich die Trompete seit 1980 schon immer begleitet und mir irgendwann bewusst wurde, dass die Trompete nur mit Luft und guter Atemtechnik funktioniert.

In den Jahren 1999 und 2000 besuchte ich dann etwas intensiver Iyengar-Yoga Kurse in München. Dies inspirierte mich sich auch mit anderen Dingen des Lebens zu beschäftigen, als nur mit diesen welche man verstandesmäßig erklären kann.

Durch viele andere Aspekte des Lebens und Erfahrungen, ist nun dieses kleine Handbuch des Atmens entstanden in welchem ich auf weltliche Weise die Wichtigkeit des „bewussten" Atmens im Konzept des „Sein im Atem" darstelle.

Gedanken und Leitsätze

1.

„Viele Wege führen nach Rom". Dies ist ein altes Sprichwort, welches auf die unterschiedlichsten Bereiche des Lebens übertragen werden kann.

Genau diese vielen Wege habe ich persönlich ausprobiert, bis ich nun eigentlich am einfachsten Weg angekommen bin.

Einfach, aber doch auch manchmal schwer zu verstehen und zu begreifen:

„Der Weg des eigenen Atems".

Dieser ganz eigene Weg nach Innen. Innen ist außen und außen ist innen. Dies zu fühlen und zu erkunden ist ein Weg. Den Weg vieles nicht verstandesmäßig verstehen zu wollen, sondern die Wahrheit zu fühlen und zu spüren.

2.

Es gehört Mut dazu sich dem wahren Leben zu stellen. Seine Verstrickungen gilt es aufzulösen.

Entschlossenheit braucht es, Engagements zurückzuschrauben welche zu viel Energie kosten. Was will ich erreichen außerhalb des materiellen

Lebens? Wie kann ich der Familie gute Rahmenbedingungen schaffen?

Dies sind Fragen und Aufgaben die es zu lösen gilt.

Hierbei gilt es neben dem Nachdenken immer wieder zum Atem zurückzukehren. In täglicher Praxis müssen wir unser Inneres entdecken. Hierzu ist es nicht notwendig still auf dem Stuhl zu sitzen und nichts zu tun. Auch Arbeit kann Meditation sein, wenn wir immer wieder zu unserem Atem zurückkehren und den Atem fühlen und spüren.

Gedanken kommen, aber genauso müssen wir sie dann wieder ziehen lassen und zum Atem zurückkehren. Immer wieder!

3.

Bei starken Emotionen ist es sehr wichtig die Bauchatmung zu praktizieren. Man konzentriere sich, wie sich die Bauchdecke beim Ein- und Ausatmen hebt und senkt. Das Bewusstsein wird in den Rumpf gelenkt und alles stabilisiert sich wieder.

4.

Frieden, Mitgefühl und Wohlergehen beginnt immer bei einem Selbst.

Wir können es nicht von anderen verlangen, denn wir sind nicht verschieden. Wir sind eins. Was wir für uns tun, dies tun wir für die ganze Welt.

5.

Wir entspannen uns durch die Konzentration auf den Atem. Mit jedem Atemzug weitet und expandiert sich der Energiekörper, das Energiefeld. Wir alleine sind für unsere Energie verantwortlich. Mit jedem Atemzug atmen wir neue Energie ein. Tief in den entspannten Bauch und tief in die Lungen. Alle Sorgen, Gedanken und schlechte Gefühle atmen wir aus. Das sind nicht wir, die gehören nicht zu uns.

Mit gestärkter Konzentration auf den Atem lösen sich Subjektivität und Objektivität zunehmend auf. Wir finden Frieden indem wir uns ganz dem Atem hingeben. Wir können zu wesentlichem vordringen.

6.

Es gibt viele Meinungen die sagen, dass man das Leben nicht lebt wenn man den Tag nicht mit ständiger Aktivität ausfüllt. Dies ist ein Trugschluss. Wir können unseren Frieden finden indem wir uns einfach der Stille hingeben und uns auf die Reise in unser Inneres begeben. Überaktivität kann viel mehr unangenehmes verursachen wie man zu gedenken glaubt.

7.

Bei der Achtsamkeit auf den Atem geht es nicht um Rituale oder Guru-Anbetungen. Dieser bedarf es nicht. Wir selbst können alles selbst steuern mit Training und ständiger Übung.

Wir müssen aufmerksam, gegenwärtig im hier und jetzt sein. Mit dem Atem wird unser spiritueller Körper in Bewegung gesetzt.

Die spirituelle Ebene hat nichts mit dem Intellekt zu tun. Es ist eine Ebene in welcher Gedanken außer Kraft gesetzt werden.

Es genügt einfach 1 Stunde in Stille und Achtsamkeit dazusitzen.

8.

Jeder soll seinen eigenen Weg finden. Der Mensch ist reine Energie, der Körper ist der Tempel, es bedarf keiner Identifikation mit ihm. Gott ist die höchste Energieform. Der Mensch ist ein Teil hiervon.

Gedanken müssen gereinigt werden. Zeit und Raum sind Gedankenformen, mehr aber nicht.

Wir müssen neues Potential entdecken und über den Kosmos lernen.

Das Universum ist bewusst, es will Kontakt mit uns. Wir sind Teil dieses Universums.

In unserem ganzen Prozess ist die Freude sehr wichtig. Jetzt ist Freude und Freude ist Heilung.

9.

Wir alle leben nicht in einem Kloster einer Ein-öde oder in einer einsamen Höhle. Wir haben einen Beruf, eine Familie, sind in einer Gemein-schaft aktiv und erfüllen vielfältige Aufgaben.

Es ist sehr wichtig unser achtsames Atmen in unseren Alltag zu integrieren. Dauernd umgibt uns bei jeder Aktivität eine wirre Gedankenwelt. Hier ist es hilfreich sich bei jeder Tätigkeit auf den Gang des Atems zu konzentrieren. Mit etwas Übung sind wir trotzdem in der Lage alles Wichtige zu bewerkstelligen und hellwach für unsere Tätigkeiten zu sein. Wir fühlen unseren inneren Körper. Jede Bewegung, sei es mit Armen oder Beinen ist uns bewusst. Werden wir angesprochen sind wir trotzdem in der Lage klar und intelligent zu antworten.

Wir vereinen den Atem mit dem Körper. Wir haben alles unter Kontrolle. Der Strom der Gedanken kommt allmählich zur Ruhe. Wir sind in der Lage Ruhe und Gelassenheit zu erreichen. Wir werden hierbei zunehmend glücklicher und bejahen das Leben.

10.

Tiefatmung als Übung kann man jederzeit wenn es sich anbietet praktizieren. Es genügt sich aufrecht auf einen Stuhl zu sitzen oder mit leicht gespreizten Beinen hinzustehen.

Wir legen die Hände auf den Bauch und atmen tief durch die Nase ein. Der Bauch wölbt sich wie ein Ballon nach vorne. Den Brustkorb richten wir auf. Die Brust weitet sich.

Beim Ausatmen senkt sich der Brustkorb, der Bauch wird eingezogen in Richtung Wirbelsäule. Es empfehlen sich 5 Atemzüge und kann in jeder Pause des Tages wiederholt werden.

11.

Um verstärkt im Hier und Jetzt zu sein kann man mit dem inneren Auge, dem Punkt zwischen den Augenbrauen, sich verstärkt auf den Atem konzentrieren. Hier empfiehlt sich ein kraftvoller Atem. Dies kann aber auch im ganz eigenen Rhythmus geschehen.

Bei negativen Emotionen immer wieder auf den Bauch konzentrieren und die Gefühle einfach passieren lassen. Mit dem Körper arbeiten und sich immer genau beobachten.

Am Morgen immer für ein paar Minuten sehr tief und so voll atmen wie möglich. Der Körper braucht hier nicht bewegt zu werden. Dies kann uns viel Energie für den Tag bringen.

Es hilf auch immer den Atem mit einem heilenden Licht zu visualisieren. Dieses Licht kann auch auf bestimmte Körperteile fokussiert werden.

Immer auch den unteren Rumpf entspannen.
Hierzu langsam ein- und ausatmen. Dies führt
zur Beruhigung bei starken Emotionen.

12.

Vor einem geöffneten Fenster ein- und auszuatmen kann negative Energien, Krankheiten und
Ängste in das Universum fließen lassen.

Einfach in den Bauch einatmen. Licht durch-
strömt den Körper, alle Poren öffnen sich. Für
einen kurzen Moment den Atem anhalten. Nach
einigen Sekunden langsam und tief ausatmen
und fühlen wie alle Disharmonien hinaus fließen.

Um einen inneren Stau zu beseitigen und herun-
tergeschluckte Probleme zu beseitigen kann eine
Tiefenatmung im Stehen Abhilfe schaffen. Zor-
nesausbrüche und Streit in der Familie kann hier
vorgebeugt werden. Einfach tief durch die Nase
einatmen wie den Duft einer Blume. Mit einem
Kussmund kann dies noch tiefer erfolgen. Der
Atem ist unsere Lebenskraft. Der Atem hat eine
befreiende Wirkung für unseren Körper. Jetzt
aber nicht den Atem einfach ausstoßen sondern
lang ausgedehnt den Vokal a singen und nur an
diesen Vokal denken. Den Vorgang wiederholen

und dann zu den Vokalen e, i, o und u überge-
hen. Diese Übung kann zur Harmonisierung unseres Körpers führen. Nach dem jeweiligen Einatmen den Atem kurz anhalten.

13.

Es kann beeindruckend sein wenn man tatsächlich versucht seinen Atem bewusst in den Alltag
zu integrieren. Wenn man sich in Entspan-
nungsphasen stark auf den Atem konzentriert,
weitet sich das Körpergefühl deutlich aus. Es
kann ein Kribbeln über den Brustraum, Hände
und Arme in die Beine entstehen. Die Gedanken
werden beruhigt. Es entsteht ein Gefühl der Entspannung. Diese Entspannung mit Konzentration auf den Atem kann bei Tätigkeiten wie fern-
sehen, Musik hören oder bei einem Blick in die
Ferne praktiziert werden. Man spürt das Leben
im ursprünglichen Sinne. Der Atemrhythmus
soll individuell variiert werden.

Vom langsamen Atem, über schnellem und hek-
tischem Atem wieder zurück zum ganz individuellen ruhigen Atemrhythmus.

Dies ist wirkliches „Sein im Atem".

14.

Wir sollten uns täglich der Stille im Alltag hingeben. Dies bedeutet auch bei schlechten Nachrichten in den Medien diese einfach mal zu ignorieren. Tagtäglich werden wir über die Nachrichtensender mit Gewalt, Terror und Kriegen regelrecht bombardiert. Die Kunst besteht darin, bei Nachrichten wie Terroranschlägen einfach mal den Fernseher abzuschalten, sich nicht in soziale Netzwerke einloggen und auch Kontakte vermeiden bei denen Angst und Schrecken verbreitet wird. Es entsteht dann ein ganz anderes Gefühl. Angst und ein Gefühl des Bedrohtseins können sich nicht ausbreiten.

Auch bei privatem Ärger gilt es erst einmal die sogenannte Nacht darüber zu schlafen und nicht gleich unüberlegt zu reagieren.

Atmungstraining

In diesem Kapitel geht es um ein strukturiertes Atemtraining, welches zusätzlich zum täglichen Sein im Atmen geübt und trainiert werden kann.

Es führt uns zu einem guten Atemrhythmus im Alltag. Dies ist auch für die Körperfunktionen extrem wichtig. Der gesunde Atemrhythmus ist wichtig für Stimmung, Blutzirkulation, Schlaf und auch die Essgewohnheiten.

Atemtechniken sind mindestens genauso wichtig wie sich nur über das richtige Essen Gedanken zu machen.

Wichtig ist es die Atemübungen ohne Druck und mit ganz individuellem Rhythmus durchzuführen. Es darf keine Anspannung im Körper entstehen.

Die ersten Übungen sollen mit einer normalen Atmung mit Ein- und Ausatmen durchgeführt werden. Hierbei ist die individuelle Zeit und die Ein- und Ausatmungssekunden festzulegen. Zu empfehlen ist hierbei ein Rhythmus 4 Sekunden Einatmen und 4 Sekunden Ausatmen, d.h. fließend ohne Atempause. Für den Anfang kann eine Zeit von 4-5 Minuten konzentriertes Atmen festgelegt werden. In dieser Zeit sollte man sich auf den Atemfluss konzentrieren.

Erste Übung

4-5 Minuten (empfohlen)

- Einatmen   4 Sekunden
- Ausatmen   4 Sekunden

Diese Übung kann dann individuell gesteigert werden ohne dabei einen innerlichen Steigerungsdruck aufzubauen.

Zweite Übung

4-5 Minuten (empfohlen)

- Einatmen   4 Sekunden
- Atem anhalten   4 Sekunden
- Ausatmen   4 Sekunden
- Atem anhalten   4 Sekunden

Um den Atem zu verlangsamen ist die Übung mit Atem anhalten sehr gut. Dies soll aber ohne Stress geschehen. Wichtig ist bei allem die Gedanken in Ruhe zu bringen. Dies kann auch mit weniger Sekunden und kürzeren Einheiten geschehen. Wichtig ist die Kontinuität der Übung und eine längere Ruhephase um die Übung zu praktizieren.

Die Zeit und der Zyklus kann individuell gewählt werden. Ohne Druckaufbau und Stress.

Dritte Übung

Diese Übung kann praktiziert werden wenn schon eine gewisse Leichtigkeit und Ruhe in den ersten beiden Übungen eingekehrt ist.

Es werden das Atem anhalten und die Ausatmung deutlich verlängert. Die Übung erfolgt in folgendem Atemrhythmus:

4-5 Minuten (empfohlen)

- Einatmen   4 Sekunden

- Atem anhalten   7 Sekunden

- Ausatmen   8 Sekunden

Vierte Übung

Diese Übung setzt ein bereits gefestigtes Atemtraining und eine gute Konstitution voraus. Sie
wird im Atemrhythmus 1-4-2 durchgeführt. Die
Länge der Übung wird individuell festgelegt.

- Einatmen   5 Sekunden
- Atem anhalten   20 Sekunden
- Ausatmen   10 Sekunden

Die vorgestellten vier Übungen stellen ein gutes
Atemtraining dar, welches auch individuellen
Gestaltungsspielraum erlaubt. Hierbei ist es
auch ratsam sich mit vielfältiger Literatur über
fernöstliche Atemphilosophien und auch westli-
cher Atemtherapie vertraut zu machen. Dies bie-
tet eine gute Grundlage für die tägliche Praxis
des „Sein im Atem".

Die Übungen, wie bereits auch schon früher er-
wähnt, ersetzen natürlich keinen Gang zu Arzt
und Therapeut. Sie können jedoch einen Einstieg
gewähren in die Welt des eigenen Atems. Dies
mit Achtsamkeit und auch dem Anliegen die
Gedanken zur Ruhe zu bringen und in das In-

nerste Selbst vorzudringen. Sie bieten auch einen guten Einstieg in die Meditation.

Alle Atemübungen sollen bei geschlossenem
Mund durch die Nase durchgeführt werden.

Gedanken zur Meditation

Die nachfolgenden Gedanken sind geeignet für die persönliche Meditation und Stille.

- Depressionen, Sorgen und Ängste werden vielfach durch die eigene persönliche Selbstverurteilung verursacht. Passt man nicht in das Schema seiner Umwelt machen wir uns oft selbst nieder. Wir können dem entgegenwirken indem wir uns nicht dauernd bewerten wollen. Wir sollen akzeptieren wie die Situation ist und uns selbst freundlich begegnen.

- Wir sollen wann immer es geht unseren Körper von innen spüren. Bei jeder Tätigkeit, bei jeder Tat. In Wahrheit sind wir außerhalb dieser äußeren Form, der Hülle. Auch dies geschieht vor allem in Konzentration auf unseren Atem. Der Atem ist die Brücke nach innen. Fühle den Atem in Händen, Armen, Füßen und Beinen. Nicht nachdenken, einfach fühlen.

- Eine große Hilfe sind auch positive Gedankenenergien. Atme Reinheit, Licht, Liebe, Heil und Frieden. In schwierigen Situationen kann die Gedankenenergie „Es möge Segen sein" eine große Hilfe sein. At-

me „Kraft, Standfestigkeit und Selbstbewusstsein"
ein und alle Sorgen in das Universum hinaus. Atme
in das Sonnengeflecht in den Bauch „Liebender
Schöpfergeist" ein. Konzentriere dich auf das Herz,
auf den Herzschlag. Hier kann man auch die Worte
„Herz Jesu" einatmen. Visualisieren wir den Punkt
zwischen Herz und Kehle als den Punkt der Freude.

- Sag immer „Ja" zum gegenwärtigen Augenblick. Die
  Illusion „Zeit" gilt es aufzugeben. Wir müssen im
  Alltag immer öfter aus der Zeit hinaus treten, uns
  selbst beobachten. Zeit brauchen wir nur für die
  praktischen Tätigkeiten im Alltag, sei es bei der Arbeit oder in der Familie. Die Gegenwart kann ein
  Schlüssel zur Freiheit sein. Wir müssen unsere Sinne
  wieder kennenlernen.

- Wir müssen das Warten aus unserem Geist strei-
  chen. Immer wollen wir auf etwas warten. Auf den
  nächsten Urlaub, auf das nächste Fest, auf eine andere Arbeitsstelle oder wir warten auf die Rente und
  wollen dann Unternehmungen starten. Alles immer
  auf die Zukunft gerichtet. Diese Geisteshaltung
  müssen wir aufgeben. Wir leben in der Gegenwart!
  Wir leben im Atem!

Kleine Meditation

In dieser kleinen Textmeditation setzen wir uns bequem in einen Stuhl. Wir konzentrieren uns auf unseren Körper, in welchem sanft unser Atem fließt. Wir gehen von den Füßen, über die Beine, hoch bis zum Scheitel und versuchen jeglichen Gedanken loszulassen. Uns stört es aber auch nicht wenn Gedanken auftauchen, wir lassen sie einfach vorbei fließen und konzentrieren uns auf den sanften Atem. Der Bauch ist locker und leicht. Die Bauchdecke wölbt sich leicht beim Einatmen und geht wieder zurück beim Ausatmen.

Wir stellen uns ein schönes Bild oder eine schöne Landschaft vor. Wie wäre es mit einer weiten Landschaft, einer Prärie, in welcher unmittelbar vor uns ein Lagerfeuer lodert. Mit unseren Sinnen beobachten wir dieses Feuer. Es lodert und knistert und ein helles weißes Licht kommt mir entgegen. In diesem Licht, in diesem Feuer, kann ich mir auch unangenehme Dinge, welche mich schon länger stören, bildhaft hochkommen lassen. Diese Dinge gehen und lösen sich in diesem Licht auf. Ich spüre wie sich dieses Problem welches mich schon länger stört in diesem Lagerfeuer verflüchtigt und mich nicht mehr belasten wird. Ich lasse verschiedene Dinge vor mir bildhaft erscheinen und lass diese Dinge sich vor mir im Feuer untergehen. Dies mache ich bis ich mich frei fühle und gehe dann wieder in dieses beruhigende Knistern des Feuers über. Ich entspanne mich, fühle den Atem und mein Körper strahlt Zufriedenheit aus.

Ich lasse das Feuer und die Landschaft noch eine Weile auf mich wirken und kehre befreit und locker wieder in mein Tagesbewusstsein zurück.

Mit ruhigem Atem meistere ich wieder meine nächsten Alltagsaufgaben.

<u>Anmerkung</u>:

Es handelt sich um eine schöne bildhafte, kurze Meditation welche wir in einer Pause jederzeit durchführen können. Sollten wir die Möglich-keit haben, können wir auch eine für unseren Geschmack geeignete Musik im Hintergrund hören.

Schneller Atem

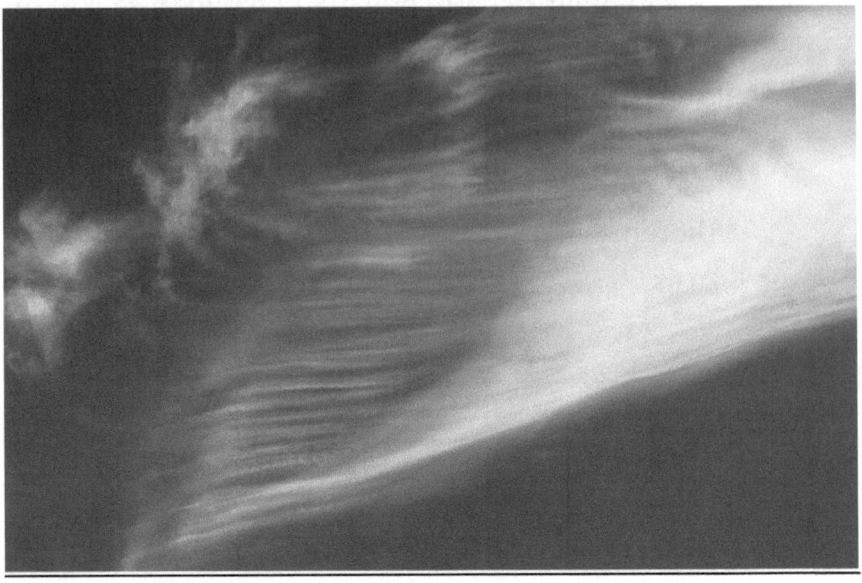

Wenn man sich müde oder träge fühlt können
ein paar Atemzüge in schnellem aus- und einatmen helfen.

Durch die Aktivierung der Bauchmuskeln bei
dieser intensiven Atmung wird der Stoffwechsel
angeregt und die Verdauung gefördert.

Anleitung:

- Setz Dich in den Schneidersitz und atme ein paar Mal ganz entspannt ein und aus. Richte Deine Wirbelsäule auf und lass die Schultern zu Boden sinken.

- Wir starten mit einem kräftigen Luftausstoß durch die Nase. Der Bauch zieht sich dabei aktiv nach innen.

- Dann folgt eine genauso kräftige Einatmung durch die Nase und Du drückst den Bauch wieder heraus.

- Jeweils 1 Sekunde ein- und ausatmen

- Körper bitte ruhig lassen und nur der Bauch bewegt sich.

- Zu Beginn ungefähr 10 Atemzüge

- Anschließend weitere Runden probieren, je nach Konstitution und Befinden.

- Mit ein wenig Übung kannst Du die Anzahl der Atemzüge und die Runden erhöhen.

- Wenn Dir leicht schwindelig werden sollte, dann höre auf und übe beim nächsten Mal etwas weniger intensiv.

Die Übung sollte bei Schwangerschaft, Bluthochdruck und starken Rückenbeschwerden nicht geübt werden.

Gut geübt kann die Übung sehr erfrischend wirken. Mit der Vorstellung des inneren Bildes Wasserfall kann die Wirkung noch verstärkt werden.

Die königliche Atemübung (Ujjayi-Atmung im Yoga)

Die nachfolgende Atemübung übt eine zentrale Rolle im System „Sein im Atem" aus.

Sie kann in Yoga-Haltung, aber auch stehend oder im Gehen ausgeübt werden.

Die Übung befreit von Trägheit, gibt aber auch Ausdauer und beruhigt die Nerven. Für Leute mit Bluthochdruck oder Herzbeschwerden soll sie ohne das Atemanhalten und am besten liegend ausgeführt werden.

Die Übung kann den ganzen Organismus beleben.

Übung:

- Wir setzen uns in eine Yoga-Stellung oder in eine sonst bequeme Sitzhaltung

- Der Rücken soll gerade gehalten werden, das Kinn wird in die Einbuchtung zwischen Schlüsselbein und Brustbein gelegt.

- Sollten wir die Übung im Schneidersitz durchführen, werden die Arme ausgestreckt und die Rückseite der Handgelenke auf die Knie gelegt. Zeigefinger und Daumen werden aneinander gelegt. Die anderen Finger können ausgestreckt werden.

- Die Augen werden geschlossen.

- Wir atmen vollkommen aus.

- Durch die Nase langsam und tief mit einem Zischlaut ein- und ausatmen. Dies stetig und konstant. Wir spüren die Luft in der Gaumenhöhle wie das Rauschen eines Meeres. Die innerliche Vorstellung kann helfen.

- Die Lungen bis zum Rand füllen, den Bauch aber nicht aufblähen. Zur Wirbelsäule und in den Rücken die Luft hinein denken.

- Atem 1-2 Sekunden anhalten (nicht bei Bluthochdruck und Herzbeschwerden)

- Langsam und stetig ausatmen bis zur vollständigen Entleerung der Lunge. Beim Ausatmen den Bauch anfangs angespannt lassen, danach langsam entspannen.

- Kurz warten und den Zyklus wieder beginnen.

Hat man Zeit kann dies für 10-15 Minuten wie-
derholt werden. Danach versuchen den guten
Rhythmus im Sinne des „Sein im Atmen" in den
Alltag integrieren. Dies kann auch beim Gehen
geübt werden. Beim Gehen natürlich ohne das
Kinn nach unten.

Die Bauchatmung, der Bauch als Zentrum

Der Bauch sollte immer entspannt sein. Er ist unser Zentrum. Hier begann durch die Abtrennung unserer Nabelschnur das Leben. Auch für unsere Psyche ist ein entspannter Bauch sehr wichtig. Deshalb sollten wir immer bewusst entspannt in den Bauch hineinatmen. Hier stauen sich unsere ganzen Gefühle und Erfahrungen an.

Hier können auch unsere sogenannten Glückshormone produziert werden. Ungefähr einige Finger breit unter dem Bauchnabel ist das Tor zur Lebensenergie. Unser Fokus sollte immer wieder auf diesen Punkt gehen. Hier sind wir ausgeglichen. In unruhigem Zustand sind wir zu Oberkörperlastig. Wir sind dann auch schneller müde.

Wir müssen uns immer wieder bemühen den Bauch zu fühlen und loszulassen und nicht noch mehr zu verspannen. Hier kann auch zu übermäßiges Training des Bauches kontraproduktiv sein.

Für unsere Ausgeglichenheit immer entspannt in den Bauch fühlen und hineinatmen.

Blasebalg

Die Blasebalg-Übung bringt schon nach kurzer Praxis eine Aufladung von Energie mit sich. Nach Abgespanntheit kann diese Übung nur empfohlen werden.

Die Kraft wird über den Atem aufgenommen. Man könnte diese Übung auch als Überatmung bezeichnen. Sie ist aber nicht gefährlich, da die Ausatmung stark betont wird.

Praxis:

Wir üben im Stehen. Ein- und Ausatmung erfolgen durch die Nase.

Mit der Einatmung heben wir die Arme waagerecht nach vorne und strecken sie ganz nach vorne. Bei der Ausatmung drehen wir die Handflächen nach oben, bilden Fäuste und führen die Arme angewinkelt am Körper entlang nach hinten bis die Fäuste an den Flanken liegen und die Schulter nach hinten gezogen sind.

Zuerst ruhig und tief atmen. Dann zunehmend schneller werden bis zur größtmöglichen Heftigkeit. Danach das Tempo wieder langsam zurücknehmen bis zum Anfangsstadium.

Der Atemrhythmus steigert sich mit zunehmender Übung. Damit steigert sich auch die Energie.

Die Augen sollten offen gehalten werden. Bei Schwindelgefühl wird das Tempo wieder gedrosselt und eine Pause wird eingelegt.

Danach kann die Übung unbesorgt fortgesetzt werden.

Unser Zentrum

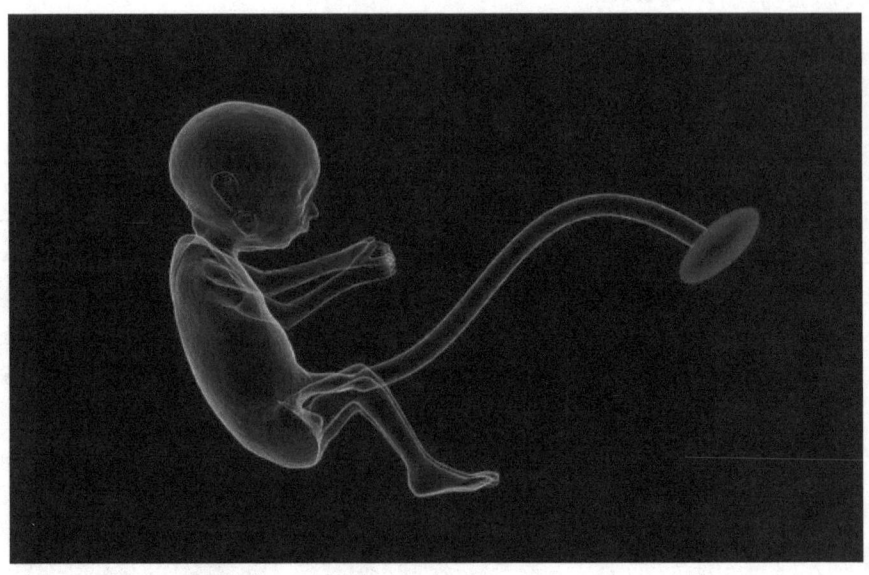

Ausgewählte Yogaübungen für „Sein im Atem"

In meinem persönlichen Prozess nach dem Burnout hat sich auch wieder eine Yogapraxis entwickelt, mit welcher ich ungefähr vor 20 Jahren meine intensiven Erfahrungen sammeln konnte. Diese wollte ich nun wieder in modifizierter Form in meine tägliche Routine einbauen. Damals hatte ich intensiven Kontakt mit Hatha-Yoga im Iyengar-Stil. Mir war bewusst, dass diese intensive Form des körperlichen Yoga ich nicht mehr eins zu eins praktizieren konnte, da sich körperliche Schwierigkeiten im Laufe der Zeit aufgebaut haben und sich aufgrund diverser Schwierigkeiten mit Fuß- und Knochenaufbau Schwierigkeiten ergeben würden. Diese Schwierigkeiten waren aber nicht bedingt durch diese Yogapraxis, sondern waren auch zum großen Teil bereits angeboren. So hat sich in manchen Gelenken im Laufe der Jahre Arthrose entwickelt und ich hatte mit einem Gleitwirbel im Rücken zu kämpfen.

So waren für mich persönlich die Rückwärtsbeugen, zum Teil eine längere Vorwärtsbeuge und allzu große Streckungen nicht mehr ohne nachträgliche Beschwerden durchführbar.

Trotz allem war mir aber jederzeit die positive Wirkung der verschiedenen Haltungen bewusst und ich wollte diese in einer softeren Form in Verbindung mit meiner Methode des „Sein im Atem" weiterhin durchführen.

Über die verschiedenen Yogastile gibt es sehr viel Literatur und ich kann jedem empfehlen sich in eigenem Interesse auch mit den verschiedenen Stilen zu beschäftigen.

Da ich aber bei meinem Zurück von Verdruss und Depression praktische Übungen in einer soften Form beschreiben möchte, soll hier ein Überblick und Anregungen zu einer leichten Übungsfolge gegeben werden.

Ich habe in meinen Ausführungen auch bewusst keine Sanskritbegriffe verwendet, sondern habe eine Begrifflichkeit aus der eigenen Sprache zur Beschreibung genommen.

- <u>Schneidersitz</u>

Im Volksmund wird die nachfolgende Sitzhaltung Schneidersitz genannt, da in früheren Zeiten der Schneider auf dem Tisch saß. Wir erinnern uns hierbei mit Sicherheit an das Märchen „Das tapfere Schneiderlein".

Dieser Sitz kann auch dem steifsten Körper Ruhe verschaffen. Es kann uns als Meditationshaltung dienen oder dazu, einfach eine Atemübung zu machen oder den Atem zu beobachten.

Wir überkreuzen die Beine und greifen die Fuß-
spitze und versuchen je nach körperlicher Konstitution die Beine näher an den Körper heran-
zuziehen. Es soll hierbei nicht zu Schmerzen
kommen. Jeder soll selbst seine Grenzen erspü-
ren.

Es ist wichtiger Ruhe zu erlangen, als sich von
einem schmerzenden Körper ablenken zu lassen!

Diese Sitzhaltung können wir regelmäßig üben
und kann auch wohltuend und öffnend auf unsere Hüften wirken.

- <u>Bergstellung (Stehhaltung)</u>

Wir stellen uns gerade hin, die Füße stellen wir nebeneinander. Wir berühren die Füße mit den großen Zehen. Das Körpergewicht zentrieren wir und lassen die Schultern entspannt.

Die Arme hängen locker an der jeweiligen Körperseite, die Fingerspitzen können wir leicht anspannen.

Damit sich der Brustkorb etwas weitet und das Atemvolumen größer wird, rollen wir die Schultern nach hinten ab und ziehen die Schultern ein wenig aneinander. Das Kinn neigen wir etwas nach unten, achten aber darauf, dass Nacken und Rücken eine Gerade bilden. Zwerchfell und Unterbauch heben wir an und der Nabel wird ein- und hochgezogen. Bauch ganz leicht anspannen und jetzt stetig im eigenen Rhythmus ein- und ausatmen.

Bei dieser Übung können wir uns mit einem guten Gefühl von Atmung und Haltung vertraut machen. Es entwickelt sich eine bessere Haltung.

Ich selbst habe nach dieser Übung auch oft eine kleine Kraftübung mit dem Medizinball angeschlossen, indem ich diesen über Kopf vom

Brustkorb angehoben habe und wieder zum Brustkorb zurückgeführt habe. Dies mit eigenen Wiederholungen, die noch locker durchgeführt werden konnten.

Hierzu kann aber jeder seine eigenen persönlichen Übungen einbauen.

Letztendlich ging es tatsächlich darum ein kräftiges, leichtes, gut anzufühlendes Gefühl im Brustkorb zu bekommen und auch einen leichten Gang zu entwickeln. Dies sind meine persönlichen Erfahrungen bei dieser Übung.

Letztendlich ist mir diese Übung auch wichtig, weil sie eigentlich jederzeit zwischendurch durchgeführt werden kann.

Die kleine Zwischenmeditation

Oft hat mir eine Yogaübung wie die Bergstellung oder auch eine der noch folgend beschriebenen gereicht und ich habe das Bedürfnis empfunden etwas meditatives mit einer Übung zu verbinden. Vielfach hat man im Tagesablauf auch Zeit und man macht belangloses. Hier versuche ich mich dann zu einer Meditation zu überwinden, indem ich mich in ruhiger Umgebung auf einen Stuhl setze und einfach nur meinen Atem beobachte. Dadurch atme ich immer tiefer und es stellt sich nach einigen Minuten eine sehr energiegeladene aber auch innerlich ruhige Haltung ein. Man hat dann das Gefühl einen Energiekörper vor sich und um sich zu fühlen, der einen vor negativen Gefühlen schützt. Zu Anfang habe ich mir bei dieser Zwischenübung einen Wecker für 20 Minuten gestellt um dies als Mindestzeit für die Sitzatemmeditation einzuhalten. Nach einigen Tagen war dieser Wecker aber nicht mehr notwendig und ich hatte automatisch das Zeitgefühl für die 20 Minuten.

Die Meditation erfolgt mit geschlossenen Augen und man versucht ganz langsam nach der Meditationszeit wieder in den Alltagsbetrieb zu kommen.

Oft habe ich nach der Meditation noch die oben beschriebene Bergstellung angeschlossen oder eine der nachfolgenden Übungen aus dem Yoga-Programm.

- <u>Dreieckshaltung (Stehhaltung)</u>

Bei dieser Haltung handelt es sich um ein ausgebreitetes, ausgestrecktes Dreieck.

Wir stehen gerade wie bei der Bergstellung beschrieben.

Mit einem Sprung springen wir seitlich, die Beine etwa 1 Meter auseinander. Die Arme heben wir seitlich auf Schulterhöhe, die Handflächen nach unten. Die Arme bleiben parallel zum Boden.

Den rechten Fuß drehen wir 90 Grad seitlich nach rechts, den linken Fuß leicht nach rechts drehen. Die Beine sind gestreckt und die Knie durchgedrückt.

Mit der Ausatmung beugen wir den Rumpf seitlich nach rechts. Die rechte Handfläche nahe zum Fußknöchel bringen. Den linken Arm nach oben in Linie zur rechten Schulter. Die Stellung so lange wie möglich halten und stetig atmen.

Das Ganze dann seitenverkehrt wiederholen.

Die Streckungen genießen!

- <u>Vorwärtsbeuge (Stehhaltung)</u>

Wir stehen gerade wie bei der Bergstellung beschrieben.

Die Knie halten wir durchgedrückt.

Wir versuchen mit der Ausatmung so weit wie möglich uns vorzubeugen. Je nach körperlicher Konstitution können wir mit den Händen den Boden erreichen.

Wir atmen tief und stetig ohne Atempause, ganz im Sinne des „Sein im Atem".

Stetig ausgeführt und regelmäßig geübt führt diese Übung zu Leichtigkeit und Nervenstärke. Man kann die Depression verlieren wenn man länger in der Position verbleibt. Dies sollte aber immer mit größtmöglicher Leichtigkeit geschehen.

Ich selbst habe diese Übung immer nach der beschriebenen Dreieckshaltung bzw. Dreiecksübung durchgeführt.

Weitergehende Meditation

In einem weiteren Schritt der Meditation war es für mich sehr wichtig zu erkennen, dass aufkommende Gedanken kommen dürfen und auch genauso wie eine Wolke am blauen Himmel auch wieder gehen. Wir dürfen Sie kurz wahrnehmen und indem wir daraufhin wieder zum Atem zurückkehren auch wieder gehen lassen.

Genauso machen wir es während der Meditation mit Geräuschen, Gerüchen oder sonstigen Wahrnehmungen. Wir lassen sie kommen und gehen. Dasselbe machen wir mit negativen und auch positiven Gedanken. Beides lassen wir kommen und gehen. Wir versuchen auch nicht positives festzuhalten. Auch dies ist nur eine Momentaufnahme. Wir versuchen alles mit Gelassenheit wahrzunehmen und auch wieder gehen zu lassen. Allein dies beruhigt unseren Geist und macht uns gelassener und ausgeglichener.

Wir versuchen dies immer wieder und regelmäßig. Jeden Tag kurz meditieren bringt Fortschritte. Nicht am Wochenende 2 oder mehr Stunden.
Lieber jeden Tag 20 Minuten. Das bringt uns
Fortschritte und hält uns auch im Alltag.

In einem Alltag der Gelassenheit und des „Sein
im Atem".

Die Energie erhalten

Eine schöne Erfahrung ist es, wenn nach einer Atemmeditation oder nach einer mehrminütigen Konzentration auf den Atem der Energiepegel spürbar besser wird. Genauso schwierig ist es aber auch den Energiepegel zu halten und län-ger in diesem guten Gefühl zu bleiben. Grund sind hier meist verstärkt aufkommende Gedan-ken und die Alltagsaufgaben. Auch die Ernäh-rung oder aufkommender Heißhunger kann un-sere Energie wieder deutlich absenken lassen. Selbstverständlich können wir aber nicht auf un-ser Essen verzichten.

In meinen persönlichen Erfahrungen welche ich hier niederschreibe will ich aber auf Ernäh-rungsberatung verzichten. Hierzu gibt es Exper-ten und auch ausreichend Literatur.

Unsere Vision muss sein uns mit mehr Energie anzureichern.

Wir müssen uns klar werden, dass der Mensch aus reiner Energie besteht. Unter diesem Aspekt ist es sehr wichtig, dass wir versuchen uns be-wusst zu ernähren. Es gibt eine einfache Formel:

- Bestimmte Nahrungsmittel steigern unsere Energie und andere können sie reduzieren.

Ein weiterer wichtiger Punkt ist es, den Tag richtig zu beginnen. Durch eingefahrene Bewegungsmuster wird der Energiefluss im Körper reduziert bzw. blockiert.

Wir müssen wieder zu unserer Körpermitte zurückkehren und versuchen die verschiedenen Muskeln zu erreichen. Wir machen am Morgen verschiedene Bewegungen vom Zentrum aus. Dies können die beschriebenen Yoga-Übungen sein aber auch eigene, persönliche Übungen. Wir können hierzu einfach eigene Übungen erfinden. Ausgehend immer von der Körpermitte. Es ist davon auszugehen, dass der Körper selbst weiß wie er sich zu bewegen hat um eigene Blockaden aufzulösen.

Dies ist meine persönliche Erfahrung, aufgrund derer ich auch von den strengen Vorgaben des Iyengar-Yogas Abstand genommen habe. Sicherlich auch bedingt durch körperliche Einschränkungen. Deshalb soll dies nicht heißen, dass jemand nicht Erfolg aus den strengen Vorgaben ziehen könnte. Hier muss jeder seine eigenen Erfahrungen sammeln.

So können wir als weiteren Punkt festhalten:

- Bewegungen aus der Mitte des Körper heraus mit
  der Vorstellung verbunden dass Energie in den
  Körper einströmt.

In unserem Leben ist es wichtig, die Schönheit
der Umgebung wieder bewusst wahrzunehmen.
Farben und Formen müssen wieder unseren täglichen Sichtbereich prägen. Wir nehmen hier
wieder Schönheit wahr und können dann Energie bewusst einatmen. Diese Energie die wir
einatmen lassen wir wieder konstant in die Welt
hinausfließen. Unser Energiezentrum erweitert
sich. Wir tragen es bildlich vor uns her. Wir
können positive Erwartungen mit dieser Energie
verbinden, auch eine positive Lebensvision.

Sport und „Sein im Atem"

Auf den ersten Blick mag es sein, dass Sport in seinen dynamischen Facetten und die dargestellten Atemübungen mit den meditativen Aspekten nicht zusammen passen. Dies ist aus meiner Sicht ein Trugschluss.

Das „Sein im Atem" lässt sich gut mit einem aktiven äußeren Leben vereinbaren und kann dies sehr gut unterstützen.

Im Sport wird immer auch der Charakter trainiert. Zumindest ist dies förderlich für die weitere Entwicklung und den Erfolg.

Im Sport muss man Pläne entwickeln. Es erfordert einen strengen Zeitplan, eine gute Ernährung, angepasste Ruhephasen und vieles mehr.

Hier unterstützen die Übungen des „Sein im Atem" den Ausübenden sehr. Man wird klarer im Geist und man kann sich auf das Wesentliche fokussieren. Wichtiges von Unwichtigem kann getrennt werden. Durch gut strukturierte Übungen kann das Energiefeld erweitert werden.

Ausdauer und Beharrlichkeit sind auch bei Meditation und Atemübungen notwendig. Man fokussiert sich nach Innen und lässt sich nicht durch Äußeres ablenken. Genau diese Aspekte sollten sich auch auf Wettkampfsituationen übertragen lassen.

15 Minuten beobachtendes Atmen können schon Wunder wirken.

Frieden, Harmonie und Freude brauchen wir auch beim Sport.

Wo früher noch Erfolge durch normal strukturiertes Training erzielt werden konnten, wird es heutzutage zunehmend wichtiger Körper und Psyche in Einklang zu bringen. Und wie kann das besser geschehen, als durch Konzentration auf den eigenen Atem.

Insoweit wird Meditation mit Atem in Zukunft auch beim Sport eine größere Rolle spielen.

Man versucht sich selbst zu überbieten, anstatt nur zu denken den Gegner zu besiegen.

Insoweit kann der menschliche Aspekt mehr hervortreten.

Die Lebenskraft (Prana)

Die Lebenskraft, fernöstlich Prana bezeichnet, ist die Energie die wir benötigen um am physischen Leben zu bleiben. Durch Atemübungen können wir das Prana durch den Atem kontrollieren.

Dies erreichen wir indem wir uns zur Gewohnheit machen ausschließlich durch die Nase zu atmen. Die Lebensenergie fließt durch unsere Energiezentren. Ihr Zustand bestimmt auch unseren Geist und unsere Stimmungen. Eine Blockade kann uns als Ergebnis zu Sorge, Angst, Unsicherheit, Spannungen und Konflikten führen.

Die Regelmäßigkeit der in diesem Buch beschriebenen Übungen und der nachfolgenden Übungen kann die Qualität und auch die Quantität unserer Lebenskraft erhöhen.

Harmonie von Körper und Geist stellt sich zunehmend ein.

Das erweiterte Atemtraining

An diesem Punkt des bewussten Atems angekommen, können wir uns unser individuelles
Atemtraining zusammenstellen. Hier will ich
gewisse Atemzyklen bzw. Atemübungen und
Atemrhythmen anführen, bei welchen ich auch
persönlich sehr gute Erfahrungen gemacht habe.

Bei der ganzen Arbeit mit dem „Sein im Atem"
steht immer im Mittelpunkt sich dem Atem im
Alltag bewusst zu werden und dieses Atembe-
wusstsein auch im Alltag zu erhalten. So ist die
Kernerfahrung, dass es nicht immer möglich ist
längere Meditationen in den Tagesablauf zu integrieren. Es kann manchmal gelingen, aber oft
ist dies nicht möglich.

Es ist aber jederzeit in Pausen möglich, kleinere
Atemübungen und Atemzyklen einzubauen.

Bei manchen Übungen war bzw. ist es beeindruckend wie nach einem zum Beispiel 7-minütigen
Atemzyklus wieder Ruhe einkehrt und auch die
Arbeit nach dieser Zeit wieder ruhiger und kon-
zentrierter von der Hand geht.

- <u>Mein individuelles Atemtraining</u>

Im Folgenden handelt es sich um mein persönlich zusammen gestelltes Atemtraining mit verschiedenen Atemzyklen.

Meine ganz persönliche Erfahrung zeigte, dass
ich mit Atempausen vorsichtig umgehen muss.
Im früheren Kapitel Atemtraining habe ich ein
paar begrenzte Übungen auf-gezeigt. Im
weiteren bewussten Atemtraining habe ich die
Atempause bewusst nach die Aus-atmung
gesetzt. Dies hat mich mehr entspannt und
gekräftigt. Hinter diese Übungen habe ich dann
immer wieder ein kontinuierliches Ein- und
Ausatmen gesetzt im ganz persönlichen
Rhythmus in den Bauch hinein.

Das Energiefeld hat sich hierbei spürbar ausge-
weitet.

Erste Übung

jeweils 5 Minuten (ohne Atempause)

Einatmen	2 Sekunden
Ausatmen	4 Sekunden
Einatmen	3 Sekunden
Ausatmen	6 Sekunden
Einatmen	4 Sekunden
Ausatmen	8 Sekunden
Einatmen	5 Sekunden
Ausatmen	10 Sekunden
Einatmen	6 Sekunden
Ausatmen	12 Sekunden

Zweite Übung

für Vollatmung

jeweils 5 Minuten (ohne Atempause)

Einatmen   6 Sekunden

Ausatmen   6 Sekunden

Dieselbe Übung mit 7, 8, 9 und 10 Sekunden.

Danach eine Pause einlegen.

Dritte Übung

Stehend, Arme seitlich anliegend

Einatmen   5 Sekunden

Ausatmen   5 Sekunden

Beim Einatmen die Arme fließend nach oben, bis sie sich über dem Kopf berühren.

Beim Ausatmen wieder zurück in die Ausgansstellung.

Diese Übung 3-4 x wiederholen.

Vierte Übung

Kopf frei bekommen

Einatmen	3 Sekunden
Ausatmen	9 Sekunden

Dieser Rhythmus kann helfen sich von zu vielen Gedanken zu befreien. Diese Übung kann durchaus 8 – 10 Minuten lang durchgeführt werden.

Anmerkungen zum Sinn der Atemübungen

Die Kontrolle des Prana (Lebenskraft) ist eine Kernaufgabe unseres Seins. Die Lebenskraft ist eng mit dem Geist verbunden.

Bei negativen Gefühlen wird der Atem unregelmäßig und unruhig.

Im Gegensatz dazu ist der Atem ruhig und gleichmäßig wenn der Geist und die Gedanken still sind. Dies gilt es zu beobachten. Dieses Zusammenwirken von Atem und Geist.

Gute Atemkontrolle verlangt, dass das Ausatmen geübt wird, nicht das Einatmen. Die Energie wird durch das gründliche Ausatmen am besten erneuert. Es braucht hierzu nicht das gewaltsame Vollpumpen der Lungen.

Eine sorgfältige Atemkontrolle, mit Betonung der Ausatmung, kann helfen uns bei jeder Betätigung zu entspannen. Jede Atemübung und Atemdisziplin hilft uns vitale Kapazität zu erhöhen. Bevor wir etwas Neues beginnen sollten wir uns angewöhnen vollständig auszuatmen.

Hilfreich ist es auch bei Atemübungen die Schultern zusammen zu ziehen. Dies entlastet den Bauch und unser Skelett.

Schwingübungen

Es hat mir immer sehr gut getan sogenannte „Schwingübungen" in das tägliche Training bzw. in den täglichen Tagesablauf einzubauen.

Hierbei steht man hüftbreit und lässt die Arme hin und her schwingen. Nach oben oder unten, seitlich oder vieles mehr. Die Hüften können bewegt werden. Der persönlichen Fantasie sind keine Grenzen gesetzt. Es soll einfach nur gut tun. Und das tut es auch.

Diese Übungen wirken sehr befreiend und erheiternd.

Gerade nach Anstrengungen tut das Schwingen sehr gut.

Sein im Atem und das Leben

Wichtig ist es für uns im Leben die Unbeständigkeit zu erkennen. In allem und jedem. Die Unbeständigkeit ist die Grundlage des Lebens. In jedem Augenblick verändert sich unsere Umwelt. Dies kann für unsere Aufmerksamkeit im Jetzt sehr spannend sein.

Den gegenwärtigen Augenblick gilt es zu leben. Dieser ist das wunderbarste in unserem Leben. Nicht die Vergangenheit die es nicht mehr gibt und die Zukunft welche noch gar nicht da ist. Es gibt nur diesen einen gegenwärtigen Moment. Über den Atem können wir diese Unbeständigkeit spüren. Seien wir in jedem Augenblick achtsam auf den Atem. In jeder Phase unseres Tuns.

Durch das Unbeständige in allem ändert sich in jeder Sekunde unsere Situation und Dinge können auch eine gute Wendung nehmen. Alles ist in Bewegung und besteht aus Energie.

Solange wir atmen, können wir den Atem genießen. Auch wenn wir älter werden und körperlich nicht mehr so fit sind. Den Atem zu spüren kann ein Fest sein. Wir feiern dass wir leben.

In unserem Atem spüren wir eine Gelassenheit. Gönnen wir uns bei den Atemübungen Ruhe. Wir genießen jeden Atemzug auch im Alltag.

Wir brauchen nicht zu allem und zu jedem unsere Meinung äußern. Wir brauchen auch nicht immer viele Leute um uns und das Autoradio kann auch mal aus bleiben.

Sehen und spüren wir einfach mal unsere Umwelt ohne Worte nur mit den Augen und Sinnen und mit Hilfe unseres Atems.

Eine gute Übung kann sein einfach nur eine Minute die Umgebung zu beobachten.

Eine Minute der Stille kann die Zeit anhalten.

Einfach probieren!

Die Entdeckung der Atemräume

Im ganzen Prozess des bewussten Atmens wurde mir bewusst, dass der Körper noch viel mehr Atemräume als die des Bauches und der Brust beinhaltet.

Dies war mir jedoch nicht von Anfang an klar. Deshalb möchte ich in diesem Kapitel betonen, dass diese Abhandlung des „Sein im Atem" eine Entwicklung bzw. eine Entdeckung darstellt, die mir in meinem Prozess eine immer größer werdende Leichtigkeit gab.

Sie war nicht von Anfang an als feste Theorie da, sondern hat sich über einen längeren Zeitraum stetig entwickelt.

Die Atemräume sind im ganzen Körper angesiedelt und eignen sich für die ganz eigene Atemmeditation.

Im nachfolgenden will ich eine kurze Reise durch die Atemräume unternehmen. Die Reise kann natürlich auch ganz individuell auf mehrere Minuten ausgedehnt werden. Dies geschieht indem wir mehrere Atemzüge in diesen Räumen durchführen.

In sie gilt es hinein zu fühlen und hinein zu atmen. Vorhandene Verkrampfungen atmen wir in die Erde hinaus. Sei es durch die Arme oder die Füße.

Wir füllen die Atemräume mit Vitalenergie.

Wir beginnen in unserem zentralen Atemraum, welcher im früheren Kapitel bereits beschrieben wurde. Dies ist der

- Bauchraum

In diesem Raum müssen wir unsere Energie halten.

Danach geht es in den
- Brustraum und unser Herzzentrum

Unsere Emotionen und unsere Berührtheit gilt
es hier zu spüren.

Wir schreiten fort in den Atemraum der
- Schulterkugeln

Wir atmen Vitalenergie in die Schulter.

Wir werden zunehmend entscheidungsfreudiger
und schreiten langsam fort und konzentrieren
uns. Wir atmen in den
- hinteren Bereich der Schultern

Wir fühlen uns aufrecht und aufrichtig.

Jetzt atmen wir in
- Hals und Nacken

Hier hat sich unsere ganze psychische Last fest-
gesetzt. Wir befreien dies durch das Atmen in
diesen Bereich zunehmend.

Stetig gehen wir im Körper weiter.

Der Atem fließt in unserem eigenen Rhythmus.
Wir können auch Atemrhythmen aus unserem
Atemtraining verwenden.

Der nächste Atemraum ist der

- Raum zwischen den Schulterblättern.

Der Atem fließt und wir sind weiterhin aufrecht und werden selbstbewusster.

Wir gehen in den

- Zwerchfellraum

Hier ist der Sitz unserer Gefühle und wir erkennen diese.

Weiter atmen und spüren wir in unseren

- Nierenraum

hinein. Wir reinigen uns immer mehr und werden lockerer.

Der Atem geht in den

- Gesäß- und hinteren Beckenraum

Wir fühlen uns nach mehrmaligem Atmen in diesen Raum freier. Wir werden nicht mehr kontrolliert.

Zum Schluss atmen wir in den
- vorderen Beckenraum

Wir sind jetzt wach und vital und lassen den Atem noch eine Weile wellenartig durch den Körper fließen.

Die Atemmeditationen

Ein schönes Hilfsmittel um eigene Atemmeditationen durchzuführen sind kleine Sätze die gedanklich in den Atemfluss eingebaut werden.

Diese Sätze kommen auch in den Erläuterungen des Buddhas zum bewussten Atem vor. Es wird eine ganz spezielle Achtsamkeit beim Ein- und Ausatmen erzeugt. Bei mehrminütigen Übungen fühlen wir uns gestärkt und gefestigt. Jeder soll seine ganz eigenen Erfahrungen mit diesen Sätzen machen. Es kann auch mit einer schönen Hintergrundmusik kombiniert werden.

Wir betrachten bei diesen Übungen den Körper, die Gefühle, das Bewusstsein und verschiedene Geistesobjekte.

Die Übungen helfen unter anderem Stress abzubauen.

Nachfolgend liste ich die Sätze auf, welche ich in meinen Atemfluss aufgenommen habe:

- Ich atme ein, ich atme aus.
- Ich atme ein und weiß, dass ich einatme. Ich atme aus und weiß, dass ich ausatme.
- Mein Atem geht tief beim Einatmen. Beim Ausatmen fließt mein Atem langsam.

- Ich atme ein und nehme den ganzen Körper bewusst wahr. Ich atme aus und lasse meinen ganzen Körper entspannen.
- Ich atme ein und spüre, dass ich mit Leben erfüllt bin. Ich atme aus und freue mich über dieses Leben.
- Ich atme ein und umarme alle meine unangenehmen Sorgen und Lasten. Ich atme aus und beruhige alle unangenehmen Gefühle.
- Ich atme ein und fühle mich achtsam. Ich atme aus und bin darüber glücklich.
- Ich atme ein und konzentriere mich auf die Aktivität meines Geistes. Ich atme aus und betrachte die Aktivitäten meines Geistes.
- Ich atme ein und betrachte … (ein bestimmtes Objekt, z.B. eine Blume). Ich atme aus und betrachte die Unbeständigkeit der Blume.
- Ich atme ein und befreie mich von der Vorstellung der Körper sei ich. Ich atme aus und fühle mich nicht gefangen in diesem Körper.

Diese Sätze können durch viele andere positive Glaubenssätze erweitert werden.

Nachbetrachtung

In den vorigen Kapiteln habe ich meine persönlichen Übungen und Erfahrungen dargestellt.
Ich habe eine Brücke erkannt, die unser Leben in vielen Situationen einfacher macht. Es ist die Brücke des eigenen Atems, der unser ursprünglichstes ist und uns jederzeit in die Gegenwart, in das Jetzt bringen kann. Wir befreien uns von den Gedanken der Vergangenheit und Zukunft und wir können ganz sein wie wir jetzt in diesem Augenblick sind.

Es ist mir sehr wichtig dies in die täglichen Aufgaben, in den Alltag zu integrieren. Wir alle haben eine Aufgabe zu erfüllen und die lohnt es sich bis zum natürlichen Ende auszuführen.

Insofern ist es Ermutigung sich mit diesen Übungen zu beschäftigen und sich auch die großen Lehren der Meister zu verinnerlichen. Diese gibt es in allen Glaubensrichtungen. Wir können in unserem Glauben leben und sollten auch den

Respekt für alle anderen Glaubensrichtungen aufrechterhalten.

Insofern ist dieses kleine Handbuch auch in Plädoyer für ein Miteinander ohne das trennende Du und Ich.

Schließlich leben wir alle über den Atem.

Es ist ein Leben im „Sein des Atem".

Die verschiedenen Übungen die hier dargestellt wurden lohnen sich in den täglichen Tagesablauf einzubauen. Sie können von lästigen Gedanken befreien und so wie zu Beginn dargestellt aktiv gegen Stress, Burnout und Depression vorbeugen.

Dies ganz ohne Nebenwirkungen.

In diesem Sinne war es für mich eine Herzensangelegenheit, dies in diesem kleinen Handbuch darzustellen.

Zeitfracht Medien GmbH
Ferdinand-Jühlke-Straße 7
99095 Erfurt, Deutschland
produktsicherheit@kolibri360.de